À Sarah, qui a eu la chance de pouvoir grandir dans de bonnes conditions.

Catherine Rebuffel

Remerciements à Claire De Barros et Aurélien Bernazzani, instituteurs à Mandres-les-Roses, ainsi qu'à leurs élèves.

Merci également à Zaya, Félicien, Rhaki et Petru pour leur témoignage.

Sur une idée de Sophie Bordet-Petillon

ISBN : 978-2-7470-3538-5
Dépôt légal : avril 2011
Loi 49-956 du 16 juillet 1949 sur les publications destinées à la jeunesse

Imprimé en Chine

Catherine Rebuffel • Sophie Bordet-Petillon • Rozenn Brécard

Pourquoi y a-t-il autant d'injustices ?

bayard jeunesse

Qui a participé à cet ouvrage ?

Des élèves de CM1 et CM2 avec la complicité de leurs professeurs.
Chacun a pu s'exprimer et poser des questions sur les injustices, les inégalités et sur la situation des enfants dans le monde à partir de faits connus et de photographies d'actualité.

Catherine Rebuffel, rédactrice en chef du mensuel « Messages » du Secours catholique. Elle a fait une grande partie de sa carrière de journaliste au quotidien « La Croix », où elle a été grand reporter et chef de rubrique humanitaire. Elle a répondu à chacune des questions.

Sophie Bordet-Petillon, journaliste et auteure jeunesse. Elle a recueilli les questions des enfants et les réponses de Catherine Rebuffel.

Rozenn Brécard a illustré chacune des questions.

Sommaire

Témoignages

« Avec mes parents et mon petit frère de 8 ans, nous avons dû quitter notre région de l'Arkhangaï, où nous élevions nos chevaux, car le froid de cet hiver a décimé le troupeau. Aujourd'hui, nous vivons dans notre yourte aux portes d'Oulan-Bator, la capitale, mais nous n'avons rien à manger. Notre père essaie tous les jours de chercher un travail. Heureusement, des associations nous aident et nous permettent de cultiver des légumes dans un jardin potager pas très loin. »

Zaya, **12 ans, Mongolie (Asie)**

« Mes parents sont partis tous les deux travailler à Prague, en République tchèque, car ils ne trouvent pas de travail ici, en Roumanie. C'est ma grand-mère qui s'occupe de ma sœur Camelia et moi. Mes deux oncles, eux, sont aussi allés chercher du travail en Grèce.
Je suis triste car j'ai peur que mes parents ne reviennent pas. Je ne les ai pas vus depuis plus de trois mois. »

Petru, **8 ans, Roumanie (Europe)**

« Les rebelles nous ont chassés de nos villages plusieurs fois. Des femmes ont subi des violences et toute la récolte a été saccagée ou volée. Mon père a disparu. Je vis désormais avec ma mère et mes deux sœurs. Nous sommes soutenus par la Caritas de Bukavu. Cette association nous prête un peu d'argent pour nous aider à créer un petit commerce qui nous permettra de vivre mieux. Je suis en formation pour devenir menuisier. »

Félicien, 15 ans, Bukavu, République démocratique du Congo (Afrique)

« Je suis d'origine sénégalaise mais je suis née en France. L'an dernier, pour la première fois de ma vie, je suis allée au Sénégal, chez ma grand-mère. J'ai beaucoup aimé vivre là-bas. Mais, pour mes études et pour avoir un bon métier, ma mère souhaiterait que je reste en France car le niveau est très bon. En Afrique, beaucoup de gens sont très pauvres. »

Rhaki, 8 ans, région parisienne

Pourquoi on n'a pas tous la même façon de vivre ?

« À travers le monde, les paysages, les climats, les richesses naturelles, les histoires, les traditions, les façons de gouverner varient d'un pays à l'autre. **Tout cela a une influence sur notre vie quotidienne.**

En France, par exemple, nous sommes regroupés en villes et villages. Les enfants se retrouvent facilement pour jouer. En Mongolie (Asie), de nombreuses familles d'éleveurs sont nomades. Elles déplacent leur yourte et leur troupeau au fil des saisons. Les jeunes enfants n'ont pas d'amis avec qui jouer dans leur environnement proche, si ce n'est les petits du troupeau et les chevaux. **Dans un même pays, nous avons aussi chacun nos modes de vie.**

Tous différents, tous les mêmes droits !

Quel que soit leur mode de vie, tous les enfants du monde ont les mêmes droits : chacun doit pouvoir vivre en famille, être correctement nourri et soigné, être aimé et écouté, aller à l'école... En 1989, tous ces droits ont été réunis dans un texte, la Convention internationale des droits de l'enfant (lire p. 64-65). Près de deux cents pays se sont engagés à l'appliquer. Malheureusement, cet engagement n'est pas toujours respecté.

Ces différentes façons de vivre créent des inégalités : **tout le monde n'a pas les mêmes chances**. Dans un monde idéal, chacun devrait pouvoir manger à sa faim, être soigné, avoir une maison, aller à l'école, avoir un travail... La réalité est bien différente, car **on ne choisit ni son pays ni sa famille** : faute de nourriture et de soins adaptés, les enfants des pays pauvres, comme le Niger (Afrique), ont beaucoup plus de risques de mourir avant l'âge de 5 ans que dans les pays riches comme la France.

Pourquoi des familles sont très riches, alors que d'autres n'ont rien ?

« **Des personnes sont riches** parce qu'elles ont un gros salaire, ou parce qu'elles reçoivent un héritage de leur famille. Parfois, c'est parce qu'elles ont gagné à un jeu. Certaines « jouent » leur argent à la Bourse pour en gagner davantage encore.

Au contraire, **des personnes sont pauvres** parce qu'elles n'ont pas d'emploi, parce qu'elles ne peuvent compter sur personne pour les aider, parce qu'elles ont trop dépensé...

Mais les inégalités ne se résument pas à la pauvreté et à la richesse ; elles sont également liées au partage des richesses entre les habitants d'un même pays et entre les États. Or, à aucune époque, les ressources n'ont été partagées à parts égales entre les hommes. Même si on a créé des lois pour prendre de l'argent à ceux qui en gagnent assez et en distribuer à ceux qui en ont besoin. C'est, par exemple, le rôle des impôts, en France, qui rendent possible la construction des écoles et des hôpitaux pour tous, et de l'assurance maladie (la Sécurité sociale), qui permet l'accès aux soins à tous ceux qui sont assurés.

Depuis les années 2000, on constate que **les inégalités entre les riches et les pauvres s'aggravent** : l'économie mondiale est lancée dans une sorte de course à l'enrichissement, telle une grosse machine aux mécanismes compliqués qu'on peine à contrôler. Résultat : **les riches sont de plus en plus riches et les pauvres de plus en plus pauvres !** »

Pays riches, pays pauvres

Aujourd'hui, le monde est divisé en deux. D'un côté, les pays riches (on dit aussi « pays du Nord », « développés »), comme les États-Unis, le Japon, la France ; la nourriture y est abondante, les habitants ont accès aux soins, à l'éducation… De l'autre, les pays pauvres (« pays du Sud » ou « en développement »), comme de nombreux pays africains et du sud de l'Asie, qui restent à l'écart du progrès. Mais de plus en plus de pays se situent entre les deux, comme l'Inde (Asie) et le Brésil (Amérique), où l'industrie et les conditions de vie des habitants progressent.

Est-ce qu'on peut être heureux quand on naît dans un pays pauvre ?

« Oui, bien sûr ! **Ce n'est pas parce qu'on vit dans un pays pauvre qu'on est malheureux !**
L'argent et le bonheur ne sont pas liés ; « l'argent ne fait pas le bonheur », a-t-on même coutume de dire.

Certes, il faut un minimum d'argent pour se loger, se nourrir, se soigner, se vêtir… Une fois qu'on a tout ça, on pense souvent qu'être plus riche nous rendrait plus heureux.
Mais l'argent peut-il tout apporter ? Bien des « trésors » n'ont pas de valeur marchande : l'amour, l'amitié, le talent, la gentillesse, l'intelligence, l'honnêteté, le courage, le temps…

Beaucoup font l'expérience qu'on arrive très facilement à se contenter de peu sans être malheureux. Et qu'on est plus heureux encore quand on partage ou qu'on donne, ne serait-ce qu'un petit rien ! »

HAIRDRESSER

Pourquoi on ne fabrique pas *plus d'argent* pour le donner aux familles pauvres ?

Ça n'est pas si simple ! Si on fabriquait des pièces et des billets avec autant de facilité, il y en aurait trop. Résultat : l'argent ne vaudrait plus rien.

L'argent se gagne…

Il y a plusieurs façons d'en gagner, la plus courante étant de travailler. Mais trouver un emploi n'est pas toujours facile, surtout si on n'a pas eu la chance de faire des études et d'apprendre un métier.

L'argent se partage…

Dans certains pays, des aides sont apportées aux plus pauvres. En France, le RSA (revenu de solidarité active) est versé par l'État aux personnes qui n'ont pas de revenus ou des revenus très faibles.

L'argent se prête…

Les banques proposent des crédits. Mais peu acceptent de prêter de l'argent à des familles très pauvres, de peur qu'elles ne les remboursent

jamais. Des organisations leur proposent alors un **microcrédit**, une somme d'argent pour les aider à bâtir un projet : se procurer des graines et des engrais pour produire des légumes et les vendre sur le marché, acheter du matériel pour monter un atelier de couture… Cela leur permet, avec l'argent gagné par leur activité, de rembourser leur dette et de nourrir correctement leurs enfants, de les faire soigner, de leur offrir du matériel scolaire, etc.

Yunus, le banquier des pauvres

Né en 1940 au Bangladesh, un pays très pauvre d'Asie, Mohammed Yunus est professeur d'économie.
En 1970, révolté par la misère des Bangladais, il prête une petite somme d'argent à des villageoises : ce qui leur manquait pour acheter une machine à coudre, afin de démarrer un petit commerce.
Le microcrédit est né ! Yunus crée ensuite la Grameen Bank (la « banque de village ») qui, aujourd'hui, propose des microcrédits à des dizaines de millions de personnes dans le monde.
Mohammed Yunus a reçu le prix Nobel de la paix en 2006.

En Afrique, des enfants meurent de faim...

« C'est vrai, dans les régions pauvres, **beaucoup luttent pour trouver de quoi survivre et souffrent de la famine**. Presque chaque année, les habitants du Sahel (Afrique de l'Ouest) sont menacés par la famine à cause de la sécheresse. La plupart des pays de cette région désertique sont mal organisés pour nourrir leur population en cas de mauvaises récoltes. Certains cultivent du coton, du cacao ou du café pour les vendre à l'étranger plutôt que des céréales utiles à leurs besoins alimentaires quotidiens.

Les grandes famines sont toutefois devenues exceptionnelles, excepté dans certains pays en guerre, tel le Soudan (Afrique), où les hommes abandonnent leurs terres, qui ne produisent alors plus rien.

Aujourd'hui, **on parle davantage de malnutrition.** Une personne atteinte de malnutrition se nourrit en quantité insuffisante ou de façon déséquilibrée. Son corps manque de protéines, de vitamines... Cela est parfois dû au manque d'éducation des mamans, comme en République démocratique du Congo (Afrique), où certaines ne donnent pas les bons aliments à leurs enfants, alors qu'il en existe une grande variété. **Les enfants sous-alimentés n'ont pas assez d'énergie pour bien vivre : jouer, apprendre...** Leur corps et leur cerveau se développent moins bien. Fragilisés, les plus jeunes ont plus de risques de tomber malades.

De nombreuses associations, comme Action contre la faim, tentent de faire face aux situations d'urgence en distribuant de la nourriture et de l'eau potable. D'autres, comme le Comité catholique contre la faim et pour le développement, proposent d'aider les pays en développant des cultures qui correspondent à leurs besoins alimentaires quotidiens. »

Des champs pour cultiver des carburants !

Dans certains pays, des champs sont réservés à la culture de maïs, de soja ou de canne à sucre pour produire du carburant « vert ». Ce « biocarburant » remplace l'essence des voitures, qui rejette du gaz polluant dans l'atmosphère. Mais cultiver des biocarburants pour nos véhicules, c'est autant de terres en moins pour cultiver des aliments, alors qu'un milliard de personnes ne mangent pas à leur faim !

Pourquoi ma mère me dit souvent : « Finis ton assiette, les pauvres, eux, n'ont rien à manger ! » ?

On entend souvent ce type de remarque ! Mais **ce n'est pas de finir ton assiette qui permettra aux personnes affamées de se nourrir**.

Si ta maman te dit cela, c'est davantage pour souligner qu'on ne doit pas gaspiller alors que les autres n'ont rien à manger.
Le gaspillage n'est pas tolérable, même si nous vivons dans un pays où la nourriture est abondante.

La population augmente sans cesse. En 2050, il y aura 9 milliards de personnes à nourrir sur la planète. L'eau, les céréales, la viande, toutes les richesses de la Terre ne sont pas disponibles à l'infini.
Consommons-les en quantité raisonnable et partageons-les afin que chacun puisse manger à sa faim.

Dans un monde idéal, tout le monde devrait pouvoir se nourrir correctement.

7 kilos de nourriture jetés par personne et par an !

Un Français jette en moyenne 7 kilos de nourriture emballée par an. Sans compter les restes de repas, les fruits pourris... Les familles font parfois plus de courses que nécessaire. De plus, elles ne font pas assez attention au contenu de leur réfrigérateur : elles oublient de regarder la date limite de consommation des produits. Enfin, trop souvent, les quantités cuisinées sont trop importantes ou les assiettes sont trop remplies. Résultat : de nombreux produits emballés, en vrac ou cuisinés, sont gaspillés et finissent à la poubelle.

Comment font les familles quand il n'y a pas d'hôpital près de chez elles ?

« **En Afrique, elles ont accès au dispensaire du village**, un lieu où on peut recevoir des soins pour très peu d'argent. Il s'agit souvent d'une pièce peu équipée en matériel médical et en médicaments. Et peu de personnes sont réellement formées pour soigner.
Des mamans y accouchent dans de mauvaises conditions d'hygiène (de propreté), ce qui présente un risque pour elle et leur enfant.

Des familles font appel à un guérisseur qui prépare des potions ou alors **elles achètent des médicaments au marché**, souvent de mauvaise qualité, sans savoir vraiment comment les utiliser.
Certaines parcourent des kilomètres pour rejoindre l'hôpital de la grande ville la plus proche.

Aujourd'hui encore, **des enfants meurent de maladies faciles à guérir** comme la rougeole (il existe un vaccin), la pneumonie (il y a des antibiotiques) ou la diarrhée. Dans de nombreux pays, l'accès à l'eau potable, aux vaccins et aux médicaments de base éviterait la mort de nombreux enfants en bas âge.

Peu de pays pauvres disposent d'une Sécurité sociale (une assurance maladie). C'est pourtant grâce à elle que des enfants peuvent être soignés, même lorsque leur famille n'a pas beaucoup d'argent.

De nombreuses organisations humanitaires apportent des soins aux plus pauvres, comme Médecins sans frontières ou Médecins du monde. Elles installent des centres de soins, construisent des hôpitaux, apportent des médicaments, forment du personnel sur place... »

Sida : bientôt un vaccin ?

Le sida est un virus mortel qui se transmet principalement par le sang. Cette maladie fait beaucoup de ravages en Afrique. En frappant les jeunes adultes, elle entretient la pauvreté : des cultivateurs meurent, des terres sont abandonnées, des enfants deviennent orphelins. Depuis peu, des médicaments permettent de prolonger la vie des personnes atteintes de cette maladie. Il n'existe pas encore de vaccins, mais des chercheurs tentent d'en mettre au point.

Comment fait-on pour vivre sans maison ?

Plus de 20 millions de familles sans abri

De nombreuses familles sont sans toit à cause de la guerre et de la violence, qui les chassent de chez elles. Certaines sont obligées de fuir les catastrophes naturelles qui ont détruit leur maison (inondations, tempêtes, tremblements de terre...). D'autres n'arrivent plus à se nourrir en cultivant la terre de leur village, souvent à cause de la sécheresse et rejoignent les villes, dans l'espoir d'y trouver un travail. D'autres encore, sans emploi, se retrouvent dans la rue.

« C'est très difficile. **Les plus pauvres se retrouvent dans des bidonvilles**, des quartiers où les habitations sont faites de matériaux de récupération : tôles, planches, cartons, bidons...
À Bombay, en Inde (Asie), des bidonvilles s'étendent le long des voies de chemin de fer ; à Rio de Janeiro, au Brésil (Amérique du Sud), sur des collines pentues ; à Manille, aux Philippines (Asie), sur une grande décharge. Parfois, c'est d'autant plus choquant qu'ils bordent des quartiers très riches, avec des immeubles et des centres commerciaux luxueux.

Certains bidonvilles n'ont ni eau courante ni égouts. Les toilettes sont à ciel ouvert. Les habitants risquent alors d'attraper des maladies.

Chaque famille, chaque enfant devrait avoir une maison où il se sente bien et en sécurité. Que ce soit un pavillon, un appartement, une caravane, une péniche... un toit doit protéger du mauvais temps, permettre un accès à l'eau potable, offrir assez d'espace à tous ses habitants... »

Des enfants dorment dans la rue...

Ils dorment à l'abri des regards, dans les parcs, sous les ponts, dans les sous-sols... Beaucoup vivent en bande pour s'entraider. Ils ont des petits métiers ou mendient et volent pour se nourrir.

La rue est l'espace de tous les dangers. Les enfants sont exposés aux maladies, à la violence, à la drogue...
Certains sont mis en prison, injustement (alors que chaque enfant a droit à une justice adaptée à son âge, et seulement s'il a commis un acte interdit par la loi).
Livrés à eux-mêmes, ils sont parfois utilisés par des adultes comme esclaves, obligés à travailler pour gagner beaucoup d'argent.
Ces pratiques sont strictement interdites.

Les enfants des rues sont nombreux sur les marchés, près des gares et des lieux touristiques des grandes capitales d'Amérique du Sud, d'Asie et d'Afrique. Certains viennent de familles très pauvres et en grande difficulté. D'autres sont devenus orphelins à la suite de maladies, de guerres, de catastrophes naturelles...

Ici et là, des associations tentent de les prendre en charge en leur proposant des repas, des soins, des activités. Certains parviennent à reprendre le chemin de l'école.

Chaque enfant doit pouvoir grandir entouré de gens qui l'aiment et qui peuvent prendre soin de lui.

Pourquoi des enfants ne vont pas à l'école ?

« Parce qu'**il existe des régions sans école ou manquant d'enseignants**. Parfois, l'école est trop loin pour permettre aux enfants de s'y rendre. Les éleveurs de Mongolie (Asie) ou les Touaregs du Sahara (Afrique) se déplacent sans cesse pour nourrir leurs troupeaux. Leurs jeunes enfants n'ont alors pas la possibilité d'aller en classe.

Dans les pays en guerre, comme en République centrafricaine (Afrique), **beaucoup d'écoles sont détruites**. Les instituteurs ne peuvent plus enseigner. Bien souvent, les élèves ont fui le village avec leur famille.

Certains enfants de familles pauvres **travaillent pour aider leurs parents** ou leur rapporter un petit salaire au lieu d'aller à l'école. Parfois, des familles ne voient pas l'utilité d'y envoyer leurs filles, puisqu'elles sont bientôt en âge de se marier et d'élever des enfants.

Certaines familles n'ont pas les moyens d'envoyer leurs enfants en classe. Dans certains pays, l'école est payante. Et, même si la scolarité est gratuite, des parents n'ont pas assez d'argent pour acheter des uniformes et des fournitures, comme aux Philippines (Asie).

L'école « en boîte »

Dans certaines régions privées d'école, l'Unicef propose de livrer des écoles « en boîte ». Il s'agit de grosses valises contenant des cahiers, des crayons, des craies, des affiches avec des leçons. Le couvercle de la valise sert de tableau noir. Cela permet aux instituteurs de reprendre rapidement les cours après une guerre, un tremblement de terre...

Enfin, dans certains pays pauvres, **l'école est totalement désorganisée, voire a quasi disparu**. L'éducation est alors souvent assurée par des structures religieuses.

Pas un seul enfant ne doit être privé du droit d'aller à l'école.
La Convention des droits de l'enfant précise que **l'enseignement primaire doit être obligatoire et gratuit** dans le monde entier (voir p. 64-65).

Pourtant, des millions d'enfants n'ont pas la chance d'y aller. Plus de la moitié sont des filles. Or **l'école est le meilleur moyen d'échapper à la misère**, car c'est aussi, pour certains, la seule occasion d'apprendre à bien se nourrir et à se soigner. Un enfant instruit, une fois adulte, trouvera plus facilement un travail, sera en meilleure santé et vivra plus longtemps. En France aussi, des enfants sont privés d'école. C'est le cas de jeunes handicapés qui n'ont pas de lieu adapté près de chez eux pour les accueillir.

Est-ce qu'il y a beaucoup d'enfants qui travaillent ?

Plus de 210 millions d'enfants âgés de 5 à 14 ans travaillent pour gagner leur vie ! Cela permet d'aider leur famille, souvent très pauvre. Ils sont employés dans les champs, les usines, sur les chantiers, mais aussi comme domestiques dans les maisons. **Ils travaillent** souvent de longues heures **dans des conditions difficiles pour un salaire très bas.** Ils sont vus comme des employés « idéaux » : nombreux, ils sont faciles à remplacer ; dociles, ils osent rarement se plaindre.

Pourtant, personne n'a le droit d'exploiter un enfant. C'est écrit dans la Convention internationale des droits de l'enfant.

Quand un enfant travaille, il a peu de temps pour apprendre, jouer et profiter de son enfance. Cela le prive de toute chance de vivre mieux à l'âge adulte.

Un travail, mais à certaines conditions

Certaines formes de travail sont acceptables si l'enfant n'est pas trop jeune, si les conditions sont bonnes, s'il reçoit un salaire correct. Il doit pouvoir continuer à aller à l'école et passer du temps avec sa famille, ses amis. Au Royaume-Uni (Europe), par exemple, des enfants aident au travail de la ferme après l'école. La plupart des pays ont voté des lois limitant le travail des enfants, mais elles ne sont pas toujours respectées.

Des enfants ont des métiers très dangereux…

Sur les 210 millions de jeunes qui travaillent, **plus de la moitié ont une activité dangereuse**.
Aux Philippines (Asie), des enfants ramassent des morceaux de ferraille sur les décharges pour les revendre. Leurs yeux et leurs cheveux sont abîmés par les fumées qui s'échappent des ordures.
En Égypte (Afrique), des enfants sont employés dans des fabriques de chaussures. La colle et le caoutchouc dégagent des odeurs très fortes et mauvaises pour leur santé.
En Bolivie (Amérique du Sud), des enfants descendent dans des mines d'argent. Ils transportent de lourdes charges et risquent de mourir sous les éboulements.

Outre la fatigue, les maladies et les accidents, ces enfants peuvent avoir des retards de croissance et risquent de mourir jeunes.

Des associations encouragent les familles à envoyer leurs enfants à l'école plutôt que de les obliger à travailler. Pour cela, elles les aident à payer les fournitures scolaires ou proposent de petites sommes d'argent aux mamans pour leur permettre de développer une activité qui paie la scolarité de leur enfant.

Et les hommes politiques, ils *ne peuvent rien faire* ?

« C'est vrai qu'**il est de leur responsabilité de faire voter des lois, de les faire appliquer** et de décider de l'argent à dépenser pour l'agriculture, la santé, l'éducation...
Dans la réalité, les hommes politiques agissent le plus souvent en veillant à ne pas fâcher leurs électeurs, pour être réélus ! **Les décisions prises ne sont alors pas forcément les meilleures pour tous**, en particulier pour les enfants, d'autant plus qu'ils ne votent pas... Il faut donc rarement compter sur les responsables politiques pour se pencher vraiment sur leur sort.
Ce sont surtout les associations qui s'occupent d'améliorer leur situation.

Pire, **dans certains pays, l'argent de l'État est détourné au profit de ceux qui gouvernent**. Ces gouvernements malhonnêtes (on dit aussi « corrompus ») ne se soucient guère des besoins réels de leurs habitants, et encore moins de ceux des enfants. Même si les autres pays les critiquent ou les condamnent. »

VOTEZ
POUR
L'ESPOIR
STUDIO PHOTO
TAXI

Comment vivent les enfants dans les *pays en guerre* ?

Qu'ils habitent en Irak, en Afghanistan (Asie) ou au Soudan (Afrique), **ils tentent tant bien que mal de survivre avec leur famille. La guerre n'est pas faite pour eux** mais, pour beaucoup, c'est une réalité.

Parfois, les villages sont brûlés, les puits, les hôpitaux et les écoles sont détruits. Se nourrir, s'abriter, se faire soigner devient impossible. **Les familles sont alors obligées de fuir leur région ou leur pays.**

Souvent, la plupart des tués ou des blessés ne sont pas des soldats mais des civils sans défense : parmi les victimes, on compte principalement des femmes, des enfants et des personnes âgées. **Certains enfants deviennent orphelins.**
Un traité international précise pourtant que les populations ne peuvent pas être prises pour cible lors des conflits armés.

Est-ce que l'armée protège les enfants ?

« Oui, **son rôle est de protéger les civils**, c'est-à-dire tous ceux qui ne sont pas des soldats, en particulier les enfants, qui doivent être mis à l'abri et soignés.

Mais, parfois, **des jeunes sont enrôlés de force par des groupes armés**. Certains s'engagent volontairement parce qu'on leur a promis de l'argent ou parce qu'ils n'ont plus de famille. Ils doivent alors se battre aux côtés des adultes. Parmi ces « soldats », des jeunes filles servent d'esclaves aux combattants.

Les enfants sont des proies faciles : ils sont obéissants et ne « coûtent pas cher » (ils ne reçoivent pas de salaire, ou un salaire très bas). Il arrive qu'ils soient drogués pour mieux supporter les tueries. Pour eux, la guerre devient alors un « grand jeu ».

Pourtant, des lois interdisent de recruter des jeunes de moins de 18 ans comme soldats. »

Désarmer les enfants-soldats

À la fin des guerres, des organisations, comme l'Unicef, tentent de démobiliser les enfants-soldats et de leur proposer une vie normale : rejoindre leur famille pour ceux qui en ont encore une, retrouver le chemin de l'école, suivre une formation pour obtenir un métier… Mais ils doivent d'abord surmonter leurs traumatismes. Bien souvent, ces enfants restent très choqués par ce qu'ils ont vécu.

Où les familles se réfugient-elles pendant la guerre ?

Elles fuient dans des lieux plus sûrs, au-delà des frontières de leur région ou de leur pays.

Certaines familles sont accueillies par d'autres dans des pays voisins, telles des familles irakiennes hébergées en Syrie, en Libye ou en Jordanie.

D'autres sont entassées dans des camps de réfugiés.

Là, elles vivent sous des tentes, dans des conditions très pénibles. Des organisations tentent de leur apporter de l'aide, en leur distribuant de l'eau, de la nourriture et des médicaments.

Après la guerre…

À la fin d'un conflit, il faut aider les enfants à reconstruire leur vie. Ceux qui ont vécu des atrocités doivent surmonter leurs traumatismes. Il faut aussi réunir les familles, rebâtir les maisons, rouvrir les écoles, etc. Des organisations humanitaires les aident à retrouver une vie paisible, une vie d'enfant.

Les enfants, qui dans leur fuite ont parfois perdu leurs parents, sont particulièrement exposés aux maladies, à la famine, aux violences des adultes.

L'objectif est que les familles puissent rentrer chez elles après la guerre.

Hélas ! beaucoup ne peuvent s'y réinstaller car **leur sécurité reste incertaine** (tensions entre les habitants, présence de mines antipersonnel – des bombes cachées dans le sol qui explosent quand on marche dessus –, etc.).

Pourquoi des enfants sont obligés de quitter leur pays même quand il n'y a pas la guerre ?

« **Famines, catastrophes naturelles, insécurité ou pauvreté entraînent de nombreuses personnes sur les routes**, pour rejoindre un pays plus sûr, plus libre ou plus riche.

Certaines sont prêtes à affronter tous les dangers pour un avenir meilleur.
Elles embarquent sur de petits bateaux peu sûrs pour gagner les côtes des pays riches, parfois sans manger ni boire pendant des jours. Ces traversées risquées finissent souvent par des drames.

De nombreux migrants débarquent dans des pays sans autorisation.

Certains bénéficient quelque temps d'une protection. D'autres vivent cachés, sans papiers d'identité, sans protection en cas d'accident de travail.

Des migrants réussissent à être **« régularisés »**, c'est-à-dire officiellement autorisés à rester. Mais d'autres finissent par être **renvoyés** dans leur pays.

Quand il s'agit de jeunes de moins de 18 ans seuls, la situation est plus compliquée encore. Les pays doivent-ils les expulser, les mettre en prison, tenter de les intégrer ? Les enfants ont besoin de protection, mais aussi de leur famille, restée dans leur pays... »

Pourquoi, dans certains pays, on fait plus attention aux garçons qu'aux filles ?

« **Cette inégalité est bien réelle. Pourtant, tous les enfants sont égaux !**

Elle commence dans les familles, où **la naissance d'un garçon est souvent mieux perçue que celle d'une fille**, surtout dans les pays pauvres, car une fois mariée, la jeune fille aidera sa belle-famille et non ses parents. En Inde (Asie), des millions de fillettes sont tuées à la naissance ou avant, car leur naissance est souvent considérée comme un évènement coûteux, puisque leurs parents doivent, pour les marier, avoir une forte somme d'argent.

Plus tard, **certaines sont privées d'école. Elles sont obligées de rester à la maison** pour aider leur famille. Parfois, elles abandonnent plus tôt l'école que les garçons, pour se marier ou pour travailler. Et, si la famille ne peut plus payer les frais de scolarité, elles quittent l'école en priorité. Cela les empêche d'apprendre, de s'épanouir, d'avoir accès à un vrai métier. L'école est pourtant une vraie chance pour elle, pour leur famille et leur pays.

Dans certains pays d'Afrique, d'Asie et du Moyen-Orient, la coutume veut que certaines filles soient **mariées de force** dès leur plus jeune âge. Ainsi, des fillettes se retrouvent mariées à 10 ans !

Enfin, **des fillettes de familles très pauvres** (mais aussi des garçons) **sont parfois traitées comme des esclaves**. Elles sont « vendues » par leurs parents, à qui on a fait croire qu'elles pourront ainsi aller à l'école en ville. En réalité, elles se retrouvent employées dans des familles riches, des ateliers ou des champs, où elles vivent dans des conditions très pénibles. »

Des filles exploitées

De très jeunes femmes ont des relations sexuelles avec quelqu'un en échange d'une somme d'argent, très souvent par obligation.
La prostitution est la pire forme d'exploitation des enfants car cela entraîne des blessures dans leur corps (grande fragilité, maladies...) et dans leur tête (manque de confiance en soi, agressivité, profonde tristesse...).
Aucun adulte n'a le droit d'utiliser le corps d'un enfant.

Parfois, ce sont les enfants handicapés qui sont maltraités...

Dans les pays pauvres, lorsqu'un enfant est handicapé physique ou mental, il est plus facilement abandonné ou maltraité car **il existe peu de moyens pour l'aider**, peu de lieux adaptés pour l'accueillir.

Dans les pays riches, comme la France, bien qu'il existe de nombreuses structures d'accueil, des enfants handicapés ont du mal à y trouver une place, parce qu'ils habitent trop loin, parce que le lieu n'est pas totalement aménagé pour leur handicap, etc. Et **il y a encore beaucoup à faire** pour changer le regard que l'on porte sur eux.

Chaque personne handicapée a le droit de recevoir une aide adaptée. On doit lui permettre d'être le plus autonome possible pour pouvoir vivre sa vie et trouver sa place parmi les autres. Elle peut avoir une vie très heureuse si elle reçoit le bon soutien et les soins nécessaires. »

Pourquoi y a-t-il autant d'injustices dans le monde ?

C'est une vaste question !

D'une part, on l'a vu, les richesses de la planète ne sont pas réparties à parts égales entre les hommes (lire p. 14-15). Le monde s'enrichit, mais le fossé ne cesse de se creuser entre les plus riches et les plus pauvres. **Il nous faut apprendre à mieux répartir les ressources. C'est le grand défi du XXIe siècle pour lutter contre les inégalités et la pauvreté.**

De façon plus générale, dans notre mode de vie moderne, chacun cherche à posséder toujours plus, sans forcément se soucier des autres. C'est un peu l'époque du « chacun pour soi ».

Chacun à son niveau peut essayer de faire évoluer cette situation et **proposer un mode de vie davantage tourné vers les autres, détaché de la « course » à l'argent**. Pour réduire ces inégalités et ces injustices, certains agissent en militant dans un parti politique ou une association, d'autres par le biais de leur religion.

De petites et grandes organisations pour aider

- L'association Caméléon, aux Philippines (Asie), vient en aide aux fillettes victimes de maltraitance. Elles sont accueillies dans un centre où elles peuvent jouer et aller à l'école en vue d'un avenir meilleur. www.cameleon-association.org

- Présents dans 14 pays, les Amis des enfants du monde aident les enfants les plus démunis en soutenant des orphelinats, des écoles, des centres d'apprentissage, etc. www.amisdesenfantsdumonde.org

- Le Secours catholique s'occupe en France d'aider les plus démunis. Il soutient aussi des actions d'urgence et des projets de développement mis en œuvre par 165 « Caritas » locales à travers le monde. www.secours-catholique.org

Bien sûr, il en existe beaucoup d'autres !

SOLIDARITÉ AVEC LES SANS-PAPIERS
POUR TOUS!
LIBERTÉ POUR LES
REGULARISEZ LES SANS PAPIERS
DES PAPIERS POUR TOUS

Ici, on a de la chance. Parfois on se plaint, on ne devrait pas !

« C'est une chance d'être né dans un pays riche, on ne s'en rend pas toujours compte !

Ici, les enfants naissent à la maternité, mangent à leur faim et sont vaccinés. Ailleurs, dans les pays pauvres, beaucoup ont une vie difficile. Ils ne mangent pas toujours à leur faim, sont plus sensibles aux maladies, vont peu à l'école… Ils partent avec moins de chances dans la vie.

Mais on peut être pauvre (ou malheureux) dans un pays riche. En France aussi, des enfants vivent dans des conditions difficiles. Leurs parents n'ont pas de quoi leur offrir des repas équilibrés, des loisirs, des vacances… Certains même (riches ou pauvres) souffrent de mauvais traitements, comme les enfants battus.

À l'inverse, on peut être riche dans un pays pauvre. Dans certains pays d'Afrique ou d'Amérique du Sud, des enfants de familles aisées ont les mêmes avantages que ceux des pays riches : ils font des études, voyagent…

Une fois encore, on ne choisit ni son pays d'origine ni sa famille, **sachons apprécier les bons moments, les belles choses de la vie**. »

119, le mieux, c'est d'en parler !

En danger ? 119, un numéro de téléphone gratuit disponible 24 h/24 en France. Des professionnels prennent les appels d'enfants maltraités ou d'adultes ayant connaissance de cas de mauvais traitements sur des moins de 18 ans. D'autres associations sont aussi à l'écoute des enfants et des adultes, comme La voix de l'enfant (www.lavoixdelenfant.org) ou l'Enfant bleu (www.enfantbleu.org).

Nous, ici, on n'y peut rien si des gens vivent dans des pays pauvres !

« On peut se dire que c'est la vie, que c'est comme ça, qu'on habite trop loin pour pouvoir les aider…
Et puis on a déjà nos propres soucis.

Pourtant, chacun, à son niveau, peut donner son avis et agir pour les autres.

Tu peux **être attentif aux autres**. Te montrer **solidaire** en saluant une personne sans abri dans la rue, en rendant visite à un copain malade, en aidant un élève handicapé à porter ses affaires, en accueillant l'été, dans ta famille, un enfant privé de vacances, etc.

Tu peux **faire attention à ton mode de consommation**, en choisissant des produits issus du commerce équitable (chocolat, jus de fruit, baskets…). Tous portent l'étiquette « commerce équitable » garantissant que le producteur a travaillé dans de bonnes conditions et qu'il reçoit un salaire juste lui permettant de nourrir sa famille.

Tu peux aussi soutenir une association en achetant ses produits (cartes de vœux, CD, livres…).
Tu peux **donner** des vêtements, des chaussures, des jouets à des associations qui les distribuent à ceux qui en ont besoin. Tu peux aussi décider, avec ta famille, de **verser de l'argent** à une organisation humanitaire.

Tu peux **agir indirectement** en changeant ton mode de vie, par exemple en veillant à lutter contre la pollution : préférer les déplacements à vélo et éviter l'utilisation de climatiseurs. À long terme, cela permet d'éviter les catastrophes naturelles liées au réchauffement du climat, qui touchent de nombreux pays pauvres.

Tu peux aussi **participer** à un conseil municipal d'enfants (certaines villes en ont un) et même **écrire** au président de la République pour **dénoncer des injustices** et **exprimer** tes idées. »

S'engager

www.jeunesolidaire.fr : site du Secours catholique pour participer à des missions de solidarité en France. www.copaindumonde.org : site du Secours populaire pour les 8-14 ans pour s'informer et participer à des actions. www.unicef.org/voy/french : site de l'Unicef, un organisme qui aide les enfants dans le monde, pour s'informer, discuter et s'engager.

Est-ce qu'on pourrait organiser une kermesse pour aider les enfants africains ?

« Des écoles **lancent des opérations pour soutenir une classe, des enfants d'un pays pauvre** avec qui elles sont en contact direct.

Des élèves réunissent du matériel scolaire, des jeux, des livres. D'autres collectent de l'argent en organisant une vente d'objets, une kermesse, une course solidaire.

Des associations proposent de **parrainer une classe** pour l'aider à installer une bibliothèque, équiper une salle de sport, créer un jardin potager… L'élève et sa famille donnent alors une petite somme d'argent pour soutenir l'un de ces projets.

Si tu as des idées, parles-en avec ton instituteur ! »

Avec l'école, on a envoyé des livres à des enfants victimes d'un tremblement de terre.

« C'est très **généreux** de votre part. L'idée est bonne si les habitants du pays en comprennent la langue et si les livres sont adaptés à leur programme scolaire.

Aussi, avant de faire un don, mieux vaut s'assurer qu'il répondra à un besoin précis. Il peut être accompagné d'un échange, d'une correspondance par lettre ou par e-mail. C'est parfois plus précieux encore !

À qui donner ? De nombreuses associations lancent régulièrement des appels. **À chacun d'agir en suivant ses envies, en écoutant son cœur.** »

On aidera quand on sera grand !

« Adulte, il y a mille façons de s'engager…

On peut se tenir informé de ce qui se passe dans le monde par les journaux, la télévision, internet. Cela permet de bien comprendre certaines situations et de dénoncer des injustices à travers des pétitions, des manifestations, des réunions politiques.

On peut parrainer un enfant en lui versant une petite somme d'argent chaque mois pour aider sa famille à payer un uniforme et du matériel scolaire pour l'école. De nombreuses associations proposent de mettre en contact un « parrain » et un « filleul » d'un pays pauvre.

On peut soutenir une organisation humanitaire ou s'y engager en proposant une aide d'urgence et une assistance aux populations en détresse lors d'une guerre, d'une famine, d'une catastrophe naturelle.

Médecins, infirmiers, ingénieurs, agronomes, techniciens... ils transportent de la nourriture et des médicaments, donnent accès à l'eau potable, soignent, vaccinent, construisent des abris, etc. Médecins sans frontières, Médecins du monde ou Handicap international sont des associations spécialisées dans l'aide médicale ; Action contre la faim, dans l'aide alimentaire ; ATD Quart-monde, dans la lutte contre la misère...

Les 16-25 ans peuvent réaliser un service civique d'une durée de six à douze mois. Cet engagement citoyen permet d'apporter une aide en France ou à l'étranger contre un petit revenu : soutien scolaire, mise en place d'un projet agricole dans une ferme, remise en état d'un barrage, reconstruction de bâtiments...

Mon oncle et ma tante ont adopté un enfant d'un pays pauvre.

« Venus d'Haïti (Amérique), des Philippines (Asie) ou d'ailleurs, des enfants sont adoptés par des familles qui en ont fait la demande **parce qu'elles ne peuvent pas donner la vie ou qu'elles souhaitent accueillir un enfant**.

Le plus souvent, **ces enfants viennent de familles de pays très pauvres, en guerre ou frappés par une catastrophe naturelle**. Ils sont placés dans un orphelinat ou un foyer d'accueil en vue d'une adoption. Il faut alors s'assurer que toutes les conditions sont réunies dans leur pays pour rendre cette adoption possible et que cela ne permet à personne de s'enrichir.

L'adaptation d'un enfant adopté à un nouveau pays peut être délicate. En grandissant, il peut avoir du mal à y trouver sa place car sa famille d'origine, sa culture sont ailleurs. Mais, s'il était resté dans son pays d'origine, peut-être se serait-il retrouvé dans la rue ?

Tous les enfants ont besoin du soutien d'adultes aimants pour être écoutés, réconfortés, entourés. »

A B i

Peut-on rendre le monde plus juste ?

Oui, il le faudrait… **On ne peut pas se satisfaire du monde tel qu'il est aujourd'hui.**

C'est l'affaire de tous.
Il est impossible de tout régler d'un coup de baguette magique, mais chacun peut, à son niveau, agir pour réduire les inégalités afin de rendre le monde plus juste.

Il y a beaucoup à faire dans tous les domaines : la santé, l'éducation, l'environnement…

À toi de trouver des idées pour participer à ce vaste chantier !

La Convention internationale des droits de l'enfant

Adoptée en 1989, elle concerne les 2 milliards d'enfants qui peuplent la planète.
Elle rappelle qu'ils doivent être respectés et protégés.
Elle compte 54 articles détaillés. Voici les principaux :

Tous les enfants ont les mêmes droits.

Chaque enfant doit être correctement nourri et soigné.

Chaque enfant doit pouvoir vivre en famille.

Chaque enfant doit avoir une identité.

Chaque enfant a le droit d'aller à l'école et d'avoir des loisirs.

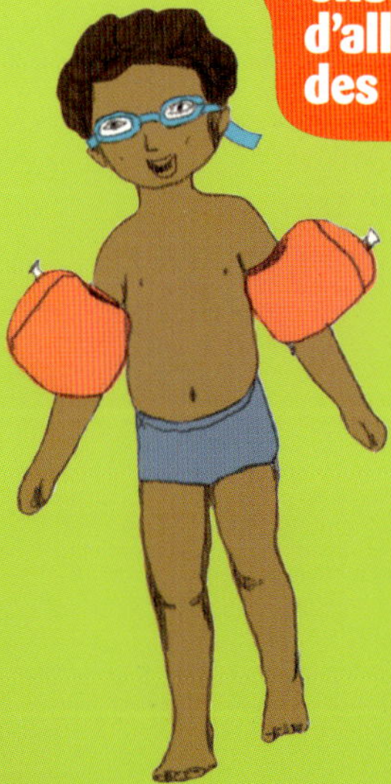

Chaque enfant handicapé a le droit d'être aidé à vivre avec les autres.

Chaque enfant a droit à la protection de sa vie privée.

Chaque enfant a le droit de donner son avis sur les questions qui le concernent.

Chaque enfant doit être protégé de toutes les formes de violence.

Personne n'a le droit d'exploiter un enfant.

L'enfant a droit à une justice adaptée à son âge.

En temps de guerre, les enfants doivent être protégés et ne peuvent pas devenir soldats.

Index par thème